情報とフィールド科学 3

雑誌から見る社会

Hiroyuki Yamamoto
山本博之 著

Contents

目次

私たちが暮らす現代世界はたくさんの情報で溢れています。かつては、本や新聞・雑誌、テレビなどのメディアに紹介されるもの以外、現地に足を運んだり資料館や博物館の倉庫に潜ったりしなければ目にできないものもたくさんありましたが、現在では技術やツールの発達によって世界各地のさまざまな情報が簡単にアクセスできるようになっています。多くの情報を短い時間に低いコストでやり取りできるようになり、これまで利用しにくかった情報が利用できるようになりました。情報の発信が容易になり、個人でもさまざまな形の情報を容易に社会に示すことができるようになったこともその背景にあります。

このように、利用できる情報の種類や量が格段に増えたことで、これまで私たちが知ることができなかったことがらも知ることができるようになりました。しかし、それによって私たちを取り巻く世の中のことがより分かるようになったとは限りません。それは、情報の種類や量が増えても、それを読み解く方法論やツールが十分に確立していないためです。現実世界には、数字や文字テキストのほかに、音声、図画、動画、形、景観などさまざまな種類の情報があり、それらをどのように扱えばよいのかという方法論はまだ十分に確立していません。一つ一つの情報の意味が読み解けたとしても、それらが組み合わさると全体でどのような意味を持つのかという文脈を読み解く方法論やツールも十分ではありません。

また、「情報」という言葉を聞くと現実世界から遊離して身体的な感触の無い仮想的なものというニュアンスで受け止める人もいるようですが、実際には情報は大変生々しいことがらも多く、そうしたリアルな現実としての情報の扱い方も十分に議論されているとは言いがたいでしょう。

このブックレットのシリーズは、こうしたさまざまな情報を、大学での研究や学習、特に実際の社会や地域や自然環境を調査することで世界を理解しようとするいわゆるフィールド科学の分野でどう活用していくかを具体的に学ぼうというものです。本巻では東南アジアのイスラム雑誌に焦点をあて、そこから何が読み解けるのかを考えてみたいと思います。あわせて、東南アジアやイスラム雑誌に限らず、雑誌などの定期刊行物から情報を収集し、整理し、活用する方法についても考えてみましょう。

イスラム教とマスメディア

イスラム教とマスメディアというテーマですぐに想起されるのは、二〇一五年の新年にフランスで起こった凄惨なテロ事件です。フランスの週刊新聞『シャルリー・エブド』紙にイスラム教の預言者ムハンマドの姿をした風刺画が掲載されました。これにムスリム（イスラム教徒）が反発した一連の出来事を背景に、重武装したテロリストが同紙のオフィスを襲撃して一二人が殺害された事件は、日本に住む私たちにとっても非常な衝撃でした。しかし、本書の読者の中で、『シャルリー・エブド』紙の記事はもとより、そもそもイスラム教が世界のマスメディアでどのように取り上げられているか、知っている人はおそらく多くないでしょう。*1 とりわけ、ムスリムによるムスリムに向けたマスメディア、特に雑誌や新聞となると、それらを一度も見たことがないという人が大多数ではないかと思います。*2

ムスリムによるマスメディアは、欧米諸国や日本と同様に活発に営まれています。世界の人口の四分の一弱（二三・四パーセント）をムスリムが占めているとされますが、東南アジアだけでみると、総人口の八四・八パーセントにあたる二億四八五万人がムスリムで、人口規模では世界最大のムスリム国であるインドネシアをはじめ、マレーシア、フィリピン、タイなど、ムスリム人口が多い国がいくつもあり（表1）、言うまでもなくそうした国々のメディアはイスラム教の影響を強く受けています。*3

＊1
アメリカのマスメディアによるイスラム報道の偏向については、『イスラム報道』（エドワード・W・サイード著（浅井信雄・佐藤成文訳）、みすず書房、一九九六年）がある。マスメディアだけの問題ではなく、私たちが東洋的なものを見るときに西洋的な見方に影響を受けているかもしれないということを考えるには、『オリエンタリズム』（エドワード・W・サイード著（今沢紀子訳）、平凡社、上下巻、一九九三年）も参照のこと。

＊2
近代以前、東アジアの木版本と並んで世界の書物文化の二大山脈を形作ったのはイスラム世界の写本だった。『イスラーム　書物の歴史』（小杉泰・林佳世子編、名古屋大学出版会、二〇一四年）が参考になる。

表1　東南アジア各国のムスリム人口

国名	人口（千人）	ムスリム人口（千人）	割合（%）
インドネシア	241,613	204,847	84.8
マレーシア	28,120	17,139	61.0
ブルネイ	393	211	53.7
シンガポール	5,077	721	14.2
タイ	66,692	3,952	5.9
フィリピン	93,039	4,737	5.1
ミャンマー	51,733	1,900	3.7
カンボジア	14,364	240	1.7
東ティモール	1,066	1	0.09
ベトナム	86,933	63	0.07
ラオス	6,261	1	0.02
東南アジア合計	595,291	233,812	39.3

人口は世界銀行、ムスリム人口はピュー研究所による。どちらも2010年の数値。

＊3 信仰は内面の問題であるために信徒数をどのように数えるかはそれ自体が大きな問題だが、ここではその問題に立ち入らず、アメリカの調査機関ピュー研究所の調査結果を利用した。

多民族・多宗教の中でのイスラム教——東南アジア

東南アジアの中でも特にムスリム人口の比率が高いインドネシア、マレーシア、ブルネイ、シンガポールの四つの国では、一口にムスリムといっても民族的にはさまざまな人がいますが、いずれの国もマレー語（インドネシアでは同じ言語ですがインドネシア語と呼ばれます）を共通語としています。このように、東南アジアにはイスラム教の影響力が強くマレー語という共通語が国境を越えて広がる地域があり、これらの地域をまとめて「マレー世界」と呼ぶことがあります。

本書でも、マレーシアやシンガポールのようにそれぞれ国名で呼ぶ場合と、それらをまとめてマレー世界と呼ぶ場合があります。このように使い分ける必要があることからも分かるように、マレー世界は決して均質で安定した地域ではありません。この半世紀くらいの歴史で言えば、むしろ紛争の火種を常に国内外に抱え続けた地域と言っても大きな間違いではありません。ただし、その原因は宗教や文化以外の側面、端的に言えば欧米の植民地主義の負の遺産および東西冷戦の影響としての政治的・経済的な側面が大きいと言ってよく、逆に言えば、宗教や生活文化の面では多様な価値観やスタイルが共存してきた地域です。

先述のように、東南アジアの一部の国々ではムスリムの人口が圧倒的に大きいのですが、イスラム教以外の宗教もそれなりに大きな影響力を持っており、地域の中で多民族・多宗教がせめぎあい、互いにバランスをとろうとしてきた長い歴史があります。また、東南アジアのムスリムは、イスラム教はもともと中東のアラブ人に下された宗教で、それが東南アジアに伝わってきたという意識を強く持っています。このことは、「本場」の中東（アラブ人）に対して自分たちは周縁だという引け目の原因になりうるとともに、だからこそ、自分はなぜムスリムなのか、ムスリムであるとはどのように生きることなのかと常に自らに問い続ける一因にもなっています。イスラム教を含む世界の宗教どうしの関係を考えるには、多民族・多宗教の中でイスラム教の位置づけを模索してきた東南アジアの経験に学ぶのが一番です。*4

本書では、ムスリムを中心に据えた国づくりをして政治的安定と経済成長に成功した世界でも数少ない例であるマレーシアを取り上げます。マレーシアは日本から最も近い位置にあるムスリム国であるとともに、ルックイースト政策（日本に学ぼう政策）にも見られるように親日の度合いがとても高く、地理的にも心理的にも日本に近いムスリム社会だと言えま

*4
現在、日本語で書かれる学術論文の多くではイスラム教ではなくイスラームと表記するのが一般的である。これには、①アラビア語の長母音を正しく表記すること、②イスラームでは宗教とそれ以外の実践を区別していないために「○○教」とするのは適切でないこと、という理由が挙げられている。本書でもこの考え方を尊重して、上記の二点について東南アジアに即して検討した結果、①マレー語／インドネシア語には長母音がなく、現地語の「Islam」は「イスラム」と表記するのが妥当であること、②マレーシアやインドネシアではイスラム教を仏教やキリスト教などとともに「宗教」（agama）の一つとして位置づけ、それによって多民族・多宗教社会を統合する努力が積み重ねられてきたことから、現地社会のそのような試みを尊重するという意味でイスラム教と表記する。

す。

なお、現在のマレーシアは、一九五七年にイギリスから独立したマラヤ連邦と、一九六三年にイギリスから独立したシンガポールとボルネオ島（サバ、サラワク）が合併して一九六三年にマレーシアになり、さらに一九六五年にシンガポールが分離独立して現在の形になりました。したがって、同じ国が一九六三年まではマラヤ連邦（マラヤと略することがあります）、一九六三年以降はマレーシアと呼ばれます[*5]。また、シンガポールは（一九六三〜一九六五年の期間を除いて）マラヤ／マレーシアとは別の国です。これらにインドネシアやブルネイを加えた地域がマレー世界です。これらの地名、特にマラヤとマレーシアの関係を混同しないようにしてください。

活字離れ？

本題に入る前に、なぜ雑誌を取り上げるのかについて考えてみましょう。

みなさんは「最近は活字離れが進んでいる」という言い方を耳にしたことはありませんか。この言い方は、新聞や本を読まずにパソコンや携帯電

＊5
実際にはマレーシアはボルネオ島のサバとサラワクが加わっているためにマラヤ連邦よりも領域的にずっと広く、国の性格も異なる部分がある。しかし、本書のテーマにおいてはそのことは考慮しない。

話の文字情報やメールばかり読んでいるという批判としてよく使われます。

「活字」とはもともと活版印刷に使う字型のことですが、転じて、本や雑誌のような紙の印刷物も指します。簡単に言うと、本書がそうであるように、手書きではなく印刷用の文字で書かれているもののことです。そうだとすると、携帯電話やパソコンの文字も手書きではないので、インターネットが普及した今日では活字に過剰に接することはあっても活字離れは成り立たないと思うかもしれません。インターネット上の情報にも、たとえば新聞社が配信する記事のように活字の情報とほぼ同じ内容のものもあり、活字と言ったときにインターネット上の情報も含めてよいのではないかという意見もあります。

ただし、この考えは「活字離れ」という言い方に込められている重要な意味が抜け落ちています。書き手の考えが活字となって読み手に伝わるには、編集や印刷や流通などの多くの人の手が加わっています。そのいずれも重要な役割を担っていますが、活字の内容に関して重要なのは編集です。つまり、活字というのは単に手書きであるかないかという文字の形を指しているのではなく、「編集された知」のことを指しているのです。

いつ、何について、どれだけの分量で書いてもよいというわけではなく、分量や分野について決まった枠内に収まるように書かれ、整えられたものが「編集された知」です。また、書き手が書きたいことを何でも好きなように書いてよいのではなく、読者に届き読まれることを念頭に置いて構想され書かれたものが「編集された知」です。文章を推敲したり誤字や脱字を直したりするだけではここでいう編集には当たりません。制約のある枠内で発表するために選抜した結果なので、書き手だけでなく編集者・発行者も活字の内容に責任を負うことになります。

字数を気にせずに書くことができ、しかも誰でも比較的容易に情報発信できるインターネット上の情報発信では、ほとんどの情報は編集されないまま発信されています。その一つ一つの記事には価値があるものも多く含まれていますが、記事ごとの字数の制限がないことや、記事どうしが相互にリンクされていることなどから、一まとまりの記事群として切り出すのが難しいものも多く、インターネット上のほとんどの情報は「編集された知」とは言えません。その結果として、インターネット上の情報は、それが正しいかどうかを保証する仕組みがなく、読者一人一人がその記事の内容の正しさを検証し、その判断が間違っていたとしても読者が責任を負うことになります。*6

*6
インターネット上で「編集された知」が全くないというわけではない。記事の内容に対する書き手や編集者・発行者の責任をどのように保証するかについて、会員制にして対価を支払うと読めるようにする仕組みや専門家どうしで記事を批評しあう仕組みなどが工夫されている。インターネットの特性を活かしながら、好き嫌いによる人気投票ではなく「編集された知」を保証するにはどのような仕組みが可能か、関心がある人にはぜひ考えてみてほしい。

「編集された知」

雑誌は「編集された知」の一つです。雑誌ごとに制約があり、その枠内に収めるように工夫して形を整える作業が編集です。雑誌にはいろいろな種類があり、それぞれ制約が異なっていますが、ほとんどの雑誌に共通するものとして以下のものがあります。

誌面が決まっている

一号あたりのページ数が決まっており、一ページあたりの文字数もほぼ決まっています。写真やイラストを入れたり文字の大きさを変えたりすることで文字数は多少変えられますし、号によって増ページにしたり増刊号を出したりすることもできますが、いずれにしろ無制限に記事を載せることはできません。どれだけ載せたいことがたくさんあったとしても、載せる内容は必ず何らかの理由で誰かによって選ばれた結果として載せられています。

定期的に刊行される

週刊、月刊、年刊など雑誌によって間隔は違いますが、定期的に刊行されるという特徴があります。先週（先月）は載せる記事がたくさんあったけれど今週（今月）は載せる記事がないので休刊するということにはなりません。何か重大な出来事があったときだけそれを記録して刊行するのではなく、常に一定のペースで刊行し続けていることから、社会の定点観測としての役割を持つことになります。

ジャンルがある

雑誌にはさまざまな種類のものがあり、主に想定する読者層がそれぞれ異なっています。世間を大きく騒がす大きな出来事があったからといって全ての雑誌がジャンルと無関係にその出来事について語るのではなく、雑誌ごとに決まったジャンルの記事を掲載することにより、大きな出来事があった裏で他にどのような出来事があったかを分野ごとに知ることができます。このため、どのジャンルの雑誌が多いかを見ることによっても時代や地域の特徴を探ることができます。その逆に、社会的に影響が極めて大きな出来事が起こったときには雑誌のジャンルを越えてその出来事が言及されることもあり、その出来事の社会全体に対する影響の大きさを知ることもできます。[*7]

値段がつけられて売られる

多くの雑誌は値段がつけられて売られます。読者がその雑誌を買うことで次号以降を出す資金が集まるため、読者が好まない記事ばかり載せていては長い目で見て発行が続かず、その意味で雑誌は読者の関心や好みが反映されたものになっていると言えます。広告料が収入の大きな割合を占める場合もありますが、広告料は掲載された雑誌を多くの人が購読しているために支払われているのであり、読者が雑誌を買うという行為が間接的ながらその雑誌の発行を経済的に支えるという仕組みは同じです。[*8]

新聞・論文と雑誌

このように、分量や分野が決まった記事を一定の間隔で出し続けるのが雑誌の特徴であり、この制約のために雑誌は社会の特徴を掴むのに適した資料になります。これらの特徴を持つのは雑誌だけに限られず、新聞もそうですし、定期的に研究論文を発表するジャーナルや紀要と呼ばれる論文集もあります。ただし、社会の時代性や地域性を掴むという点では、雑誌

＊7
二〇一一年三月に東日本大震災が発生すると、雑誌もそれぞれ特集を組んだり関連記事を載せたりした。ふだんは災害対応に直接関わりないと思われるようなジャンルの雑誌でも、たとえば「東日本大震災の教訓　いま商人は何をすべきか」（『商業界』、二〇一一年五月）、「大震災今、私たちができること」（『製菓製パン』、二〇一一年五月）、「東日本大震災　料理人が今すべきこと、できること」（『専門料理』、二〇一一年五月）などが見られた。東日本大震災の際の雑誌記事については『雑誌に見る東日本大震災（二〇一一年）―震災はいかにして国民的災害になったか』（山本博之、京都大学地域研究統合情報センター、二〇一一年）を参照。

＊8
値段とは一般に金銭的価値のことを指すが、人々が自分の意思で与えることができ、それを集めることで達成感が得られるという意味で、ソーシャルネットワーク上の「いいね」などの評価はそれに近い働きをしている部分がある。

は新聞や論文集と少し異なる点があります。

新聞は事実を伝えるのが最も大きな役割なので、記事中に書き手の気持ちを伝える形容詞や副詞が含まれることは稀です。最近では署名入りの記事も見られるようになってきましたし、論説記事や投稿記事も増えていますが、全体の分量から言うと新聞の中心的な役割は事実を伝えることで、その事実について人々がどう受け止め、どう考えたかについて伝えることは中心的な役割ではありません。

学術論文は、認められた手順に従ってものごとを調べ、その結果から導かれることを示すもので、書き手が個人的にどう考えたかは書かれません。完全に客観的な学術論文はありうるのか、研究者も実社会に生きる生身の存在である以上、調査や実験の手順は客観的に行なったとしてもそこにその研究者の生き様が何らかの形で反映されてしまうのではないかという考え方もあり、私もその考え方に積極的な意味で賛成ですが[*9]、だからといって単なる思い付きを書いたものは論文として認められません。

新聞も論文も、活字にするための作法がかなり厳しく決まっており、その枠内で書かなければならないため、社会のさまざまな層や立場の人々がどのように考えるかを捉えるメディアとしては雑誌ほど適しているとは言えないでしょう。

*9　地域研究という学問分野に即して、地域研究コンソーシアムが編集する学術誌『地域研究』の第一二巻第二号（総特集　地域研究方法論）を参照。

なお、先にも書いたように、雑誌は、書き手だけでなく、編集、印刷・製本、流通・広告などを担当する人たちがいて店頭に並び、さらに読者がお金を払って購入することで読み手に届く商品という特徴を持っています。このことは、一定数の読者がいないと商業的に雑誌として成り立たないということであり、その裏で雑誌に取り上げられない人々や層が存在する可能性もあるということです。雑誌を通じて社会の特徴を捉えるというとき、そのような限界があることについても知っておく必要があります。

マレー語雑誌と『カラム』

それでは東南アジアのイスラム雑誌を実際に見ていきましょう。❶は、二〇世紀前半にシンガポールとマラヤで刊行されたマレー語の雑誌を、刊行が早い順に上から並べたものです。一番上にあるのは『アル・イマーム』で、一九〇六年に創刊されて一九〇八年まで刊行が続きました。

赤色や緑色の横棒の長さは、それぞれの雑誌が刊行されていた期間を示しています。また、横棒の色は、その雑誌に使われていた文字を示しています。緑色はジャウィと呼ばれるアラビア文字（三三ページに後述）、赤色はローマ字、黄色は両方です。

1

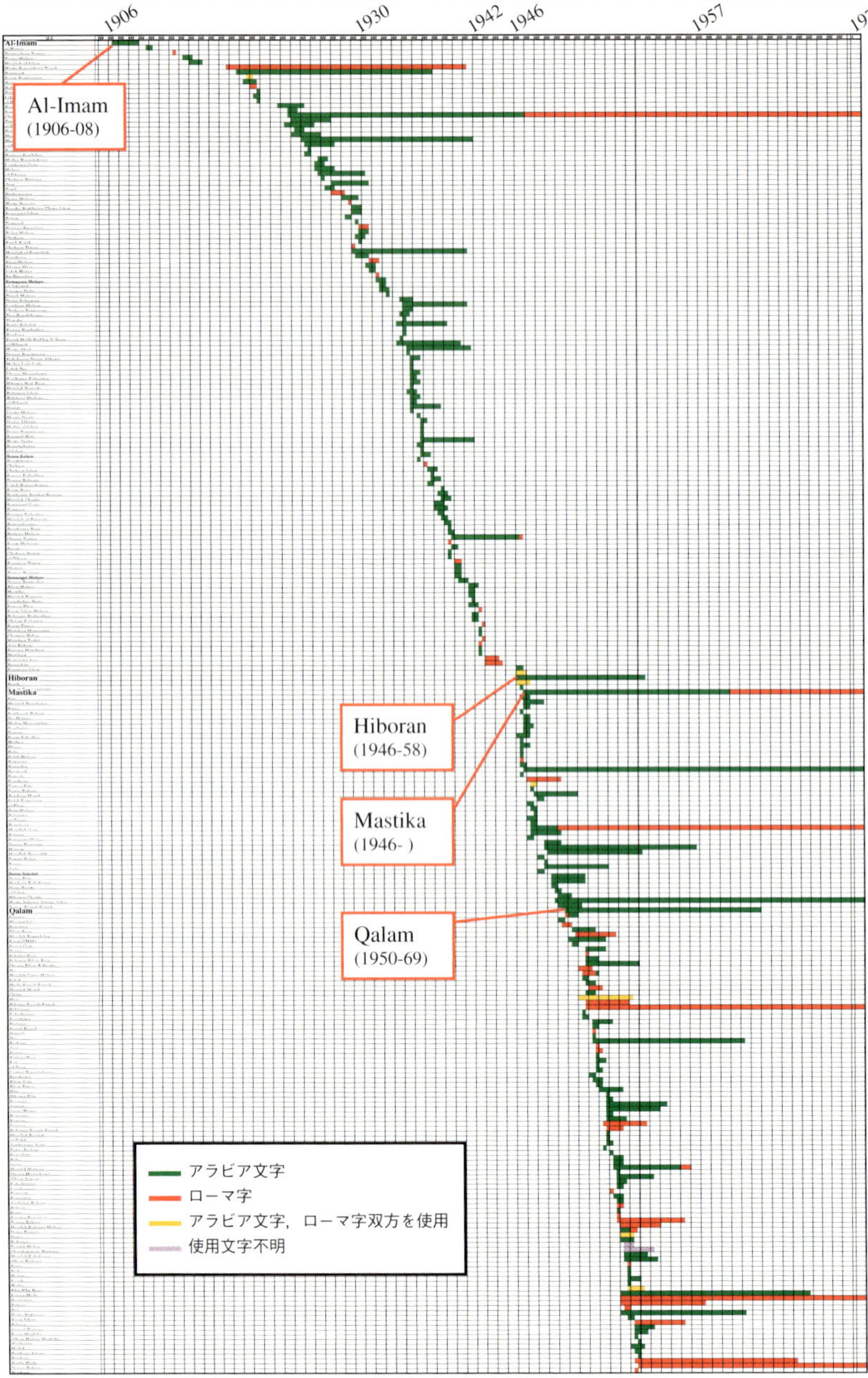

二〇世紀にマラヤおよびシンガポールで刊行されたマレー語雑誌

この図を見るといろいろなことが分かります。二〇世紀初頭のマレー語雑誌のほとんどはジャウィで書かれており、ローマ字が増えるのは第二次世界大戦中の日本占領期を経た一九四六年以降であること。ほとんどの雑誌は短命で、創刊から一、二年で停刊になっており、刊行が一〇年以上続いた雑誌は数えるほどしかないこと。しかし、一つの雑誌が停刊になると別の雑誌が創刊されることが繰り返され、どの期間をとってもマレー語雑誌が刊行されていない時期はなかったこと。

また、この図だけでは分かりませんが、いくつかの雑誌を読んでみると、異なる雑誌どうしで互いに記事を参照したり批判したりしていることも分かります。つまり、マレー語の雑誌は、一つ一つを見ると短命でも、複数の雑誌が集まって全体で言論の場を作っていたということです。

本書は、一九五〇年に創刊されて二〇年にわたって刊行が続いた東南アジアのイスラム雑誌『カラム』(Qalam)を例に、雑誌から時代性や地域性を読み解くことを試みます。その際に、一つの号だけ見るのではなく、一つの雑誌の複数の号を通して社会を見る方法を考えます。[*10]

なぜ『カラム』を取り上げるのか、『カラム』とはどのような雑誌なのかについては、内容を読み解きながら少しずつ紹介していきます。[*11] とりあえずは、一九五〇年代から六〇年代にかけてシンガポール(後にマレーシ

＊10
日本の雑誌の例として、一つの雑誌を扱ったものに『キング』の時代——国民大衆雑誌の公共性』(佐藤卓己、岩波書店、二〇〇二年)などがある。

＊11
京都大学地域研究統合情報センターでは、『カラム』を収集し、誌面のデジタル化および記事のローマ字翻字を行ってデータベースとして公開するとともに、『カラム』の内容をもとに当時の東南アジアのムスリム社会についての研究を進めている。『カラム』記事データベースは http://majalahqalam.kyoto.jp/ を参照。本書の記述はこのデータベースおよび研究に基づいている。

ア）で発行された月刊のイスラム雑誌で、他の雑誌がほとんどみなローマ字に切り替えていった時期にジャウィでの刊行を最後まで守り続けたということを知っておいてください。

イスラム雑誌の表紙を読む――メッセージが掴めますか？

まずは『カラム』を実際に見てみましょう。2は『カラム』の一九六一年二月号の表紙です。この絵を隅から隅までよく見てください。何が描かれていて、どのようなメッセージが込められていると思いますか。

上の方に幕のようなものがあり、中央に二人の人物の肖像画が置かれています。向かって右側が男性、左側が女性で、年の頃はどちらも壮年期、顔の感じはアジア系でしょうか。二人とも頭に立派な飾りを戴き、胸には勲章がいくつも見えるので、かなり社会的地位が高い人物だと分かります。

この人物が誰なのかインターネットで検索したい

2

『カラム』一九六一年二月号の表紙

ところですが、残念ながら今の技術ではこの画像をそのままインターネット検索にかけて同じ顔を見つけ出すのは容易ではありません。そこで、周辺情報をもとに検索条件を絞っていく必要があります。

この雑誌は一九六一年二月号なので、その頃に活躍したか話題になった人物でしょうし、それでも見つからなければもう少し過去にも目を向けてもよいかもしれません。また、シンガポールで発行された雑誌なのでシンガポール人の可能性を考えるのがよいでしょうが、それでも見つからなければ隣国のマラヤやインドネシアに目を向ける手もあります。社会的地位が高い人ということで、シンガポールなら首相、マラヤなら国王か首相、インドネシアなら大統領から探してみるのがよいかもしれません。

では、ここで実際にインターネットでそれらの条件で検索してみましょう。これかなと思う人物が出てきたら、画像表示で当時の顔を表示させて先の表紙の顔と比べてみてください。

うまく見つかりましたか。シンガポールでは初代首相に就任したリー・クアンユー（一九二三〜二〇一五年、在位一九五九〜一九九〇年…3）が実に三〇年以上にわたってその座に就きましたが、若い頃から眼光鋭い目つきで、雑誌の人物には当てはまりそうにありません。同じ頃のインドネシアの大統領はスカルノ（一九〇一〜一九七〇年、在位一九四五〜一九六

3 リー・クアンユー（シンガポール初代首相）

六年：④）ですが、あまり似ていませんね。

ではマラヤの人物を探してみるとどうでしょう。マラヤの「建国の父」と称されるアブドゥル・ラーマン首相（一九〇三～一九九〇年、在位一九五七～一九七〇年：⑤）とも違います。そこで、当時のマラヤのサイド・ハルン・プトラ国王（一九二〇～二〇〇〇年、在位一九六〇～一九六五年：⑥）の写真と比較してみると、少しふっくらとした顔かたちが似ているのが分かります。そうなると隣の女性は王妃だろうと想像がつき、うまく調べるとブドリア王妃という名前にたどり着くでしょう。この二人の写真と肖像画が一致すれば、国王と王妃であると推測してまず間違いありません。

この二人が誰なのかは分かったとして、どうしてこの二人がこの号の表紙を飾っているのでしょうか。もう少し調べてみると、サイド・ハルン・プトラ国王が即位式を行ったのが一九六一年一月なので、この表紙に掲載されたのは国王の即位式の直後だったことが分かります。ということは、この雑誌は新国王と新王妃の即位を祝福して表紙に肖像画を掲載したということでしょうか。

そのことを考えるため、この絵の肖像画以外の部分にも目を向けてみましょう。そこには何が描かれていて、どのようなメッセージが感じられま

4
スカルノ（インドネシア初代大統領）

5
アブドゥル・ラーマン（マラヤ連邦初代首相）

6
サイド・ハルン・プトラ（マラヤ連邦第三代国王）

すか。

絵からどのようなメッセージを読み解くかは読者一人一人に委ねられているため、みなさんがこの絵を見てどのようなメッセージを受け止めても、それ自体が間違いというわけではありません。ただし、その時代の現地社会の人たちは、この絵を見てだいたい同じようなメッセージを受け止めるはずです。そして、今の日本社会に生きる私たちでも、その社会の歴史をよく知ることで、当時の現地社会の人がどのようなメッセージを受け止めたか、大きく外れることなく想像できるようになります。賞賛なのか批判なのか、事実の報道なのか風刺なのか。もしそれが風刺だとして、風刺が成り立つかどうかは、それを見た人たちがどのように受け止めるかを知っているかどうかがとても重要です。つまり、この一枚の絵から情報を引き出すにも、その社会や時代のありようについての基本的な知識や理解が必要になります。この点は、学問と情報の関係において大変重要なことがらです。

もう一つ大事なことは、当事者がどのようにメッセージを受け止めるかを理解することは大切で、そのために可能な限り努力すべきですが、その上で、必ずしも当事者と同じように考える必要はないということです。時代や地域や立場が違えば受け止め方が違うことは当然起こりえます。大切なのは、当事者がどう受け止めるかをなるべく理解する努力をした上で、自分はそれをどのように受け止めるのか、そしてそのように受け止める自分はどのような立場に立っているのかを自覚することです。

雑誌『カラム』創刊以前のマレー社会

表紙の意味は後で考えることにして、次に『カラム』とはどのような雑誌なのかを調べてみましょう。『カラム』刊行の背景を、時間を少し長く取って歴史をさかのぼって見てみます。

東南アジアにイスラム教とマレー語を共通にする地域があり、マレー世界と呼ばれていることは紹介しました。かつて、マレー世界の熱帯林は野生動物や病気などによる危険が多く、人々は沿岸部や川岸に高床式の家を建てて住んでいました。主な交通は海と川を使った水上交通で、少ない人口は沿岸部、特に河口部に集中していました。そこにヨーロッパの商人たちがやってきて、はじめは港に拠点を置いて胡椒などの東南アジアの特産品を取り引きしていましたが、しだいに内陸部を含めて支配を及ぼすようになりました。[*12] ヨーロッパの国どうしで相談して国境線を引いたり領土をやり取りしたりして、マレー世界はイギリス領やオランダ領に分けられて

＊12
東南アジア世界の成り立ちについては、弘末雅士『東南アジアの港市世界——地域社会の形成と世界秩序』（岩波書店、二〇〇四年、二〇一五年に新版あり）を参照。

いきます。

イギリス領となったマラヤでは、植民地の経済開発のため、ゴム農園の労働者としてインド人を、スズ鉱山の労働者として中国人を招き入れました。これによりマラヤは、ゴムとスズを主要産業として、マレー人、中国人、インド人の多民族からなる複合社会となりました。マレー人は全てムスリムですが、中国人とインド人にムスリムは少なく、ほかに少数ですがアラブ人のムスリムがいました。

植民地にはイギリス人の総督を頂点とする植民地政府が作られ、地元の人は民族・宗教ごとに代表を選んで政府に意見を申し立てることが認められる程度でした。マレー人の多くが農民や漁民だったのに対してアラブ人ムスリムとインド人ムスリムには起業して裕福な人も多かったため、ムスリムの代表はいつもアラブ人かインド人が選ばれており、マレー人には自分たちの意見が反映されていないという思いが強くありました。そのため、一九二〇年代に入ると、同じムスリムでもマレー人とアラブ人やインド人は生活水準が違うため、マレー人の代表はマレー人から選んでほしいという要求が出るようになりました。

その一方で、マレー人の王族や貴族の子弟には、学校生活や留学を通じて西洋式の考え方や生活様式に慣れた人も多く、ムスリムではあるけれど英語も話して西洋式の生活様式を受け入れるという人たちも生まれていました。一九四五年八月に日本の敗戦により第二次世界大戦が終わると、マレー世界の人々は独立のための具体的な行動をとります。その際に、イスラム国家の樹立を目指すべきか、西洋式の生活様式を取り入れるかで意見が対立しました。また、少数ですが共産主義国家を作るべきと考える人たちもいました。さらに、マラヤとインドネシアを合併させてマレー世界を一つの国にしようと考える人たちもいました[*13]。

西洋式の生活様式を取り入れようとした人々は、多民族が納得できる国作りのため、マラヤ国内の中国人やインド人の代表と連合して、三民族の連合体による統治を開始しました。植民地支配者であるイギリスはこの動きを歓迎し、逆に、イスラム国家や共産主義国家を樹立しようとする動きやインドネシアとの合併を求める動きに対しては、指導者の逮捕など厳しい態度で臨みました。イギリスは一九四八年にマラヤ全土に非常事態宣言を発令してイスラム団体や共産主義組織を非合法化し、一九五〇年にはシンガポールで起こったナドラ事件[*14]をきっかけに指導者たちを大量に逮捕し、逮捕を免れた指導者は国外に退去しました。こうしてマラヤとシンガポールの間で国境を越えてムスリムが連帯しようとする動きは潰され、この地域の政治の表舞台からいったん姿を消します。

＊13
当時のマラヤの人々の政治的駆け引きは Ariffin Omar 著の *Bangsa Melayu: Malay Concepts of Democracy and Community, 1945-1950* (Oxford University Press, 1993) にドラマチックに描かれている。

＊14
ジャワに住んでいたオランダ人夫妻が日本占領期に日本軍の捕虜となり、娘のマリアをマレー人女性に預けた。戦後、夫妻がマリアを探し当てると、マレー人女性の幼女として

『カラム』が創刊されたのはこの時期でした。この後、マラヤ連邦（一九五七年独立）とシンガポール（一九六三年独立）が統合してマレーシアが成立しますが（一九六三年）、マレー系ムスリムを中心とする国づくりか各民族を対等に扱う国づくりかの対立は解消されず、シンガポールの分離独立（一九六五年）やクアラルンプールでの民族衝突（一九六九年）を経て、一九七〇年代以降はマレー人を優先した国づくりが進められます。一九六九年の民族衝突の半年後、編集者が亡くなったため『カラム』は停刊を迎えました。

一九七〇年代に入ると世界のイスラム復興運動の潮流を受けてマレーシアでもイスラム復興の動きが見られますが、マレーシアの歴史は政府がどのようにして共産主義などの内外の敵を退けて多民族社会をまとめてきたかという成功物語として書かれているため、一九五〇年代と六〇年代におけるマラヤ（マレーシア）のイスラム運動についてはほとんど知られていません。

上述のように当時のマレー語雑誌は刊行が数年続くものさえ珍しく、刊行が二〇年も続いた『カラム』は発行者の熱意と読者の関心がうまく合致したとても珍しい例で、当時のマレーシア（マラヤ）やシンガポール、そしてインドネシアのムスリム社会について知る上でとても貴重な資料です。

育てられたマリアはイスラム教に改宗してナドラという名前になり、さらにムスリム男性と結婚していた。夫妻はシンガポールの裁判所に自分たちの承認を得ない改宗と結婚は無効であると訴え、これが認められてナドラ（マリア）は両親とともにオランダに戻された。この決定に対して多数のムスリムによる抗議デモが起こり、著名なムスリム指導者の多くが植民地当局に逮捕された。

創刊の言葉と雑誌名

雑誌の特徴を知るには創刊の言葉を読むのが一番です。時間とお金と手間をかけて雑誌を創刊する以上、創刊者にはそれなりの思い入れがあるはずです。読者の関心や好みに合わせて内容が変化していくために創刊時の思いがその後もずっと続くとは限りませんが、それでも創刊号に込めた思いを知ることは大切です。

『カラム』の創刊号には巻頭に創刊の意図が書かれています。

私たちが『カラム』を刊行するのは、他人と競ったり争ったりするためではなく、マレー語論壇の進歩のための車輪を一つ付け加えたいためである。（中略）今日、私たちが暮らすマレー世界は、社会環境、思想環境、政治環境のいずれにおいても大きな変化に直面している。それらの変化が私たちにとって有意義であって生活を向上させるものとなるためにも、私たちは適切な指導者や指針を必要としている。

と書いた上で、この雑誌は「全ての変化を記録し、全ての進歩を記録し、宗教・民族・郷土に幸福をもたらす全ての営みを記録するカラム」であると宣言しています。

この宣言は『カラム』という雑誌名の説明にもなっています。雑誌名はその雑誌の看板であり、ここにも創刊の意図が込められています。雑誌名がどのような意味を持っているかだけでなく、それがどの言葉で、そして表紙にどの色で、どの大きさで書かれるかといったことから編集者の意図を窺うことも可能です。

文献を読むときには繰り返し出てくる単語や表現に注意を向けましょう。上の引用には「進歩」や「変化」が何度か出てきます。ただし、現在の私たちがイメージする「進歩」や「変化」と同じ意味だとは限らず、現在の使い方と意味が少しずれている可能性があることには注意する必要があります。何度か出てくる単語を頭に置いて他の記事を読み進め、その単語が出てきたらそれが何を意味しているのか文脈を気にしてみる、そういう読み方をすると時代性や地域性を考えるヒントが得られることがあります。

「カラム」とは「筆」または「ペン」を意味するアラビア語です。上の引用で「……を記録するカラム」とあるのはカラムが筆記具であるためです。また、創刊号ではクルアン（コーラン）のペン／筆に関わる次の二つの章句を紹介しています。[*15]

誦め、汝の主《しゅ》はこよなく有難いお方。筆もつすべを教え給う。

（第九六章（凝血章）第三、四節）

ヌーン。（天上の）筆にかけて……、また（天使らの）書きしるす（記録）にかけて……

（第六八章（筆章）第一節）

筆／ペンを雑誌名にしたことの意味をもう少し想像してみましょう。筆やペンとは筆記具のことですが、「活字」が書物を指すのと同じように、筆記されたもの、さらに言えば言葉を指していると考えられます。それでは、いったい何に対して言葉を強調したのでしょうか。

『カラム』が創刊された一九五〇年のシンガポールは、イギリスによる植民地支配の後、第二次世界大戦で日本軍による占領を経験し、そこから解放されて再びイギリスの植民地になった時期でした。戦争が終わり、今度こそ自分たちの国を自分たちの手に取り戻せるかと思ったけれど、それが実現しなかったという状況です。

＊15 日本語訳は井筒俊彦訳『コーラン』（岩波文庫）をもとにした。

その一方で、議会と選挙の考え方が持ち込まれました。現在の日本に暮らす私たちから見れば議会も選挙も普通のことだと思うかもしれませんが、当時は議会と選挙は物事の決め方についての目新しい仕組みでした。それ以前は、物事を決めるといえば、知識や経験が多い人が決めるか、力ずくで決めるかのどちらかでした。知識や経験が多い人というのは、村長や長老たちのような年長者や、たとえばメッカで学んだ人のような学識者のことです。力ずくというのは軍事力のことで、イギリスやオランダは現地住民よりも大きくて強い船や武器を持っていたために現地住民に言うことを聞かせることができました。普通の人々は自分たちのことについて意見を言ったり決めたりする立場にはありませんでした。

このような社会に議会と選挙が導入されたことにより、一定の年齢に達した国民ならば誰でも等しく一票が与えられ、その票を多く集めた人が人々を代表して議会で意見を述べて要求実現を求められるようになりました。軍艦と銃で力ずくでねじ伏せる時代は終わり、これからは言葉を戦わせて物事を決めていく言論の時代、つまり「カラムの時代」になったのだ――『カラム』という雑誌名にはそのような意味が込められているような気がしてなりません。

もう一つ考えるべきことは、なぜアラビア語の単語である「カラム」にしたのかということです。同じ意味なら英語でＰＥＮ（ペン）と書いてもよかったはずです。これも想像を逞しくするしかありませんが、英語のペンではなくアラビア語のカラムにすることで、欧米風の見方ではなくイスラム的な（つまり自分たちが慣れ親しんだ）価値に基づいて記録するという意気込みの表れではないかと思います。

雑誌の顔である表紙も、その雑誌の性格を知る重要な手がかりを与えてくれます。❼の写真は『カラム』創刊号の表紙です。女性の顔写真が大きく掲載されています。この女性は、インドネシアの大統領であるスカルノの妻ファティマワティです。この表紙から『カラム』のどのような特徴が読み取れるかを考えてみてください。

表紙に写真を使っていることは、写真（特に人物写真）を多く載せた雑誌であることを示しています。写真のモデルがインドネシア人であることは、国境を越えてインドネシア（特にムスリム社会）の状況に関心を寄せていることを示しています。また、創刊号の表紙の写真が女性であることは、『カラム』が女性の地位や状況にも関心を寄せていたこ

7

『カラム』一九五〇年七・八月号の表紙

とを示しています。

さらに、ファティマワティが「近代的な世界に生きていながらもベールを脱いだことがない女性」として知られていたことを知っていれば、近代とイスラム教の両立に向けた積極的な思いも感じられるでしょう。

編集者――エドルスと『カラム』

雑誌作りで最も鍵となる人物は、どのような誌面を作るかを決める監督にあたる人物です。編集の現場で具体的な方針を決めるのは編集者（編集長）[*16]で、編集者の個人的な背景を知ることも雑誌の特徴を知るのに役立ちます。

『カラム』の特徴は、民族の違いや国境を越えて東南アジアのムスリム社会を繋ごうとしていたことにあります。これは、『カラム』の発行者・編集者であるエドルス（Edrus）[*17]の経歴と密接に関係しています。

エドルスは、一九一一年にボルネオ島（カリマンタン島）で生まれました。現在の国で言うとインドネシアにあたります。エドルスの両親は現地生まれのアラブ系ムスリムでした。オランダによる植民地支配を受けていたインドネシア（当時の名前は東インド）には、アラブ人や中国人を含め

＊16
個別の記事の編集には関わらなくても雑誌全体の方向性を決めるという意味では発行者も重要である。規模が小さい雑誌の場合は同じ人が発行者と編集者を兼ねている場合もある。また、発行者としてではなく出資者として関わることもある。『カラム』の場合、エドルスは発行人であり編集人であった。

＊17
『カラム』の創刊者はアフマド・ルトフィ（Ahmad Lutfi）と書かれることもあるが、この名前はエドルスのペンネームの一つで、エドルスの息子の名前から取ったものである。本書ではエドルスと呼ぶ。

てアジア域内からの移住者が多く住んでいました。二〇世紀に入って中国人が勢力を伸ばすと、これに対抗しようとムスリムがまとまって一九一一年にイスラム同盟（サレカット・イスラム）が結成されました。これはムスリムであれば原住民やアラブ系といった区別なく参加できる組織でしたが、同じムスリムでも富裕層には自分たちの境遇が分からないからとしだいにアラブ系が除外され、原住民ムスリムのための組織になっていきました。エドルスの父親もイスラム同盟の結成に参加していましたが、アラブ系だったために活動から外れていきます。

同じムスリムなのにアラブ系という出自のためにイスラム同盟から除外されたという経験を抱えたエドルスは、単身シンガポールに渡ってジャーナリズムの道に進み、一九五〇年に『カラム』を創刊して、民族別の同胞意識ではなく宗教に基づいた同胞意識を育むよう誌面を通じて呼びかけました。インドネシアとマラヤは、隣国どうしで共通の歴史を持ちながらも独立以降はそれぞれ政治的に別々の道を歩んでいきますが、その裏で『カラム』は民族や国籍の違いによらず宗教による同胞意識を訴え続けました。

文字——ローマ字かジャウィか

『カラム』は二〇年間に二二八号が刊行されました。記事には写真が多く使われ、また、写真入りの広告も毎号のように掲載されていました。ただし、小さな挿絵はいくつかありますが、誌面に大きなイラストが描かれることは稀で、本文中に大きなイラストが入ったのは二〇年間で三回しかありませんでした。表紙にイラストが使われた二回を含めても二〇年間で五回となります。その一つを見てみましょう。

8のイラストは一九五四年六月号（第四七号）に掲載されたものです。男性が三人いて、二人は右に、一人は左に向かっています。右向きの男性と左向きの男性にはどのような特徴があるでしょうか。

8

『カラム』一九五四年六月号に掲載されたイラスト

まず目に付くのは体格でしょう。左向きの男性はとても恰幅がよく、お腹がせり出しています。右向きの男性は細身で、その奥に見える男性は年老いて痩せ気味で、姿勢も前屈みになっています。

服装を見てみると、左向きの男性が西洋風の背広を着ているのに対して、右向きの男性は腰に布を巻いたマレー人の民族衣装を着ています。右向きの男性が履いているのは白い普通の靴ですが、左向きの男性の靴は黒く、おそらく革靴なのでしょう。

また、左向きの男性が書類入れのような鞄を持っていてビジネスをしている様子であるのに対し、右向きの男性のうち年配の人は杖を持っています。

左右にそれぞれ向かっている男性たちの間に標識が見えます。その左側にはビルのような四角い建物が、右側には特徴的な尖塔をもつモスクのようなイスラム風の建物が見えます。

標識の左側にはルミ（ローマ字）と書かれています。右側にはアラビア文字でジャウィと書かれています。ジャウィとはアラビア文字を使ったマレー語の表記法のことです。この標識は、ルミを使ってルミ、ジャウィを使ってジャウィと書かれています。

かつてマレー語はアラビア文字で書かれていました。マレー語とアラビア語は完全に別の言葉で、アラビア文字を使ったマレー語はアラビア語と区別してジャウィと呼ばれていました。後に欧米諸国による植民地支配を経てジャウィはしだいに使われなくなり、学校教育などを通じてローマ字が普及していきました。一九五〇年代になるとマレー語は多くの場面でローマ字で書かれるようになり、ジャウィではほとんど書かれなくなりました。そのように多くの雑誌がジャウィからローマ字に切り替えていく中、最後の最後までジャウィによる雑誌発行を続けた数少ない雑誌が『カラム』でした。

先のイラストからも窺えるように、『カラム』にとってローマ字かジャウィかという選択は、単なる文字の選択にとどまらず、欧米式の生活様式を受け入れるのかイスラム式の生活様式を堅持するのかの選択でもあったのです。

連載記事――読者との対話

雑誌は複数の記事から構成されています。その呼び方は雑誌によって違いますが、編集者が書く論説記事で新聞の社説にあたるもの、一号だけあるいは比較的短い期間に集中して掲載される特集記事、何号にもわたって掲載される連載記事などがあります。また、記事ではありませんが広告もあります。

雑誌の顔と言える記事が社説です。[*18] 社説は社の立場や意見を表明したものなので、通常は執筆者の署名はありませんが、書いているのは編集者です。社説以外に編集後記がある場合もあります。編集後記では、その号の特集記事の担当者がなぜその特集を企画したか解説していることもあります。編集者が複数いる場合、頭文字や記号を書いて執筆者署名の代わりにすることもあります。

社説や編集後記は編集者が書いていますが、それ以外の記事、特に連載記事は外部の書き手が書いているものも多く、誰が書いているのかに気を配る必要があります。本名で書いている人もいればペンネーム（筆名）を使っている人もいます。[*19] 連載記事は、世の中の出来事や個人的な経験をもとに書き手が考えたことを書いたものが多く、その時代の出来事とそれに対する人々の反応の一端を知ることができます。

連載記事が誌上論争の場となり、しかも複数の雑誌や他の媒体にも及んで論争が行なわれることもあります。それぞれの主張が文字で残って争点を理解しやすいため、私怨ではなく公共の利益のためを思って理性的に行なわれる限り、誌上論争は人々の考え方を知る好材料となります。

＊18 一般に「社説」と言えば新聞のものを指すが、ここでは雑誌についても「社説」と呼ぶ。

＊19 『カラム』では編集者のエドルスが男女複数のペンネームを使ってそれぞれ連載記事を書いていた。

読者の投稿欄を持つ雑誌もあります。前号に掲載された記事に関する意見や、このようなテーマを取り上げてほしいという要望などが掲載されるため、人々の関心を知ることができます。投稿するのは読者のうち一手間かけて編集者に意見を届けようとする人たちであり、さらにその中から編集者に選ばれたものが掲載されているため、読者投稿欄が読者全体を代表しているというわけではありませんが、おおよその傾向や際立った特徴を知るには有益な情報です。また、投稿者の署名を見れば、ペンネームを使ったり住所が一部省略されたりしているにしても、読者層の年齢、性別、職業、さらに居住地の広がりなどを知ることもできます。

『カラム』にどのような連載記事があったかを見てみましょう。❾は、『カラム』の連載記事のうち一五回以上続いた二七の記事について、連載の開始時期順に並べたものです。この図は休載が反映されていないので連載回数の多さと棒の長さは必ずしも比例しませんが、連載記事のおおよその傾向は分かると思います。

掲載回数が最も多いのは「苦いコーヒー」(二〇三回掲載[20])です。最も多いのが「社説」(一九〇回)ではないのを不思議に思うかもしれませんが、これは「社説」が途中から「編集記」(二二回)に引き継がれたためで、この二つを足すと二一二回になります。

*20
『カラム』は二二八号刊行されたが、そのうち現在得られているのは二一三号分。掲載回数は二一三号についてのもの。以下同じ。

9

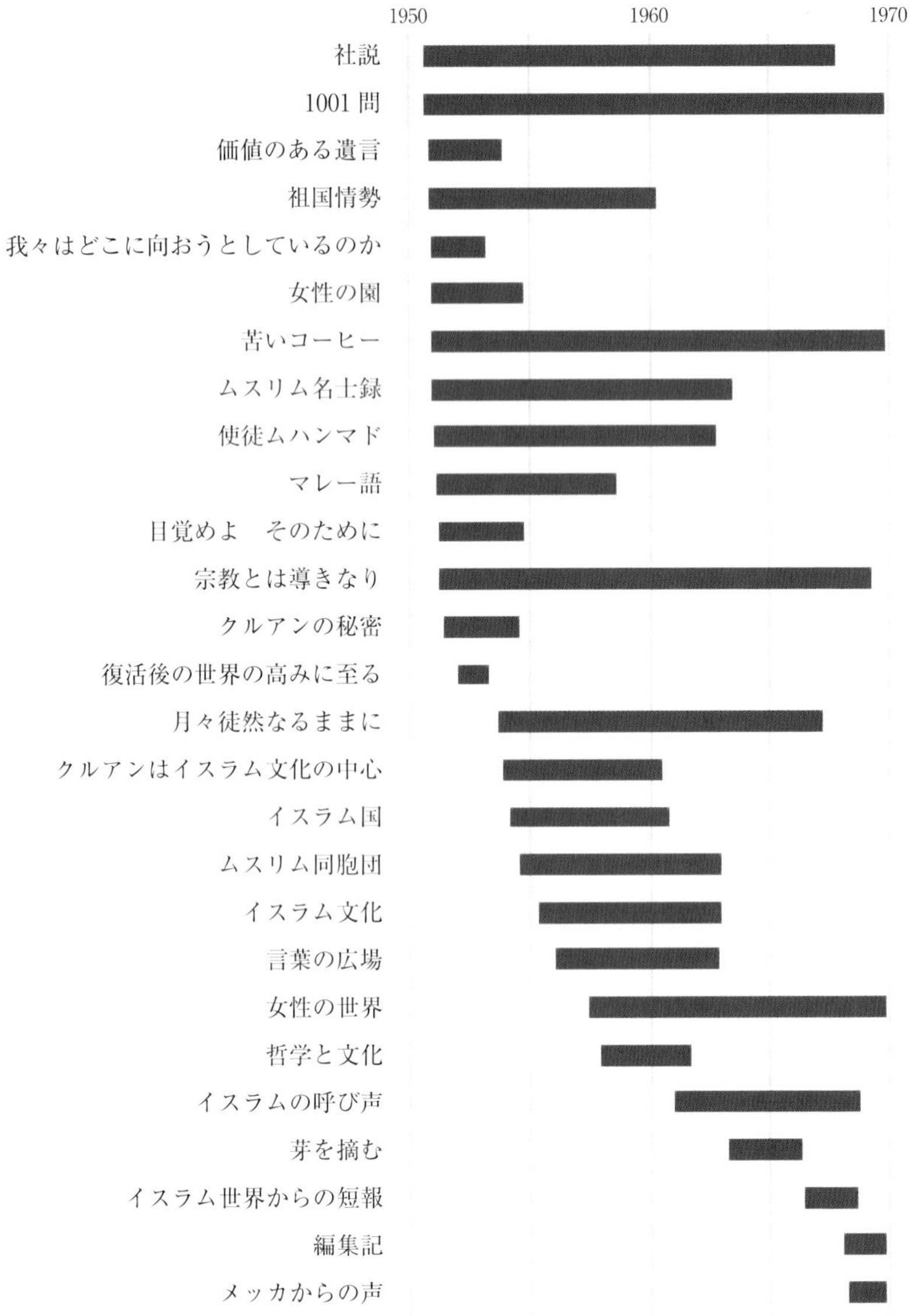
1950
1960
1970
社説
1001問
価値のある遺言
祖国情勢
我々はどこに向おうとしているのか
女性の園
苦いコーヒー
ムスリム名士録
使徒ムハンマド
マレー語
目覚めよ　そのために
宗教とは導きなり
クルアンの秘密
復活後の世界の高みに至る
月々徒然なるままに
クルアンはイスラム文化の中心
イスラム国
ムスリム同胞団
イスラム文化
言葉の広場
女性の世界
哲学と文化
イスラムの呼び声
芽を摘む
イスラム世界からの短報
編集記
メッカからの声

『カラム』の連載記事（連載15回以上）

「苦いコーヒー」は創刊直後からほぼ毎号掲載されていました。マレーシアの人はコーヒーに練乳をたっぷり入れて甘くして飲むのが好きですが、「苦いコーヒー」では社会に対する苦言を少し苦めに、ただしコーヒーは休憩時間に飲むものなので、ちょっと一服気分のやわらかめの語り口で伝えるというコラムになっています。

次に掲載回数が多いのが「一〇〇一問」（一八〇回）です。これは、読者から日常生活に関する質問の投稿があり、それに対してイスラム教の見地から回答を与えるというコラムです。質問内容は宗教に限らずさまざまなものがあり、それにまじめに答えているのが興味深く、この問答から当時の人々の暮らしや考え方を窺うことができます。

ほかには、ムスリム同胞団の団員に向けて心構えを説いた「ムスリム同胞団」（一三九回）、毎月の社会情勢への論評を掲載した「月々徒然なるままに」（一一〇回）、女性に関する連載記事（はじめは「女性の園」（一九回）で、途中で「女性の世界」（六八回）に引き継がれました）、言語に関するものなどがあります。

『カラム』の書き手や読み手たちが自分たちを取り巻く世界をどのように捉えていたかを、いくつかの記事と写真などから読み解いてみましょう。

す。

⑩は『カラム』の一九五一年四月号に掲載された記事の挿絵です。

絵の中心は行く手を遮られた一群の人々です。最前列の五人を見るだけでもさまざまな服装があり、いろいろな国の人がいることが分かりますが、いずれもムスリムです。その後ろにはどんな人がどれだけいるのか分かりませんが、ぱっと見た感じでは男性ばかりのようです。

一群の人々は行く手を遮られており、その先は崖になっていいます。崖の下の海にいるのは人の顔をした魚のようです。体の形や色、尻尾の感じから考えてサメでしょうか。友好的な魚というよりは、一群の人々が海に落ちてくるのを虎視眈々と狙っている雰囲気です。

それぞれの魚の体には記号が書かれています。左側は通貨ドルのマークです。この記号を使っている国は世界にいくつもありますが、その代表的な国であるアメリカでしょう。右側の記号は鎌

10

『カラム』一九五一年四月号に掲載されたイラスト

と槌を組み合わせたもので、共産主義のシンボルです。共産主義国の国旗にもよく使われていて、現在のロシアを含む地域が共産主義国のソビエト連邦（ソ連）だったとき、ソ連の国旗にはこの記号がついていました。

となると、右側の魚の顔は一九五〇年頃のソ連の指導者だと想像されます。眉と髭が特徴的なので、うまく検索して画像を見比べると、ソ連のスターリンだと分かるでしょう。左側の魚の顔は、一九五〇年代のアメリカの大統領の顔と比べてみると、眼鏡が特徴的なトルーマンだと分かります。

この絵が何を意味しているかは、スターリンとトルーマンがそれぞれどのような人物として理解されているかを知る必要があります。第二次世界大戦直後の世界の様子を簡単におさらいしておきましょう。

アメリカとソ連はどちらも第二次世界大戦の戦勝国でした。アメリカは国土が直接の戦場とならず、またソ連はドイツに勝利する過程で東欧地域を支配下に置き、その結果この戦争で国力をつけました。それぞれが世界に影響力を増そうとした結果、世界はアメリカ側とソ連側の二つの陣営に分割されました。

ヨーロッパでは、ソ連軍が占領したポーランド、チェコスロバキア、ハンガリー、ルーマニア、ブルガリア、アルバニアで共産政権が次々と成立し、ソ連の傘下でソ連型の国作りを進めました。他方で、一九四四年七月にはアメリカ・ドルを世界の基軸通貨とするブレトン・ウッズ体制が発足して、アメリカを盟主とする自由主義陣営が作られました。

トルーマンとスターリンの下でアメリカとソ連がにらみ合い、いわゆる冷戦と呼ばれる対立状況が生じました。その一方で、冷戦の最前線では激しい対立が生じ、ドイツは東西に、朝鮮半島は南北に分割され、また、中国大陸（中華人民共和国）と台湾（中華民国）、南北ベトナムで国・民族が分断され、アメリカ側とソ連側に分かれる状況が作られました。

つまり、第二次世界大戦後の世界では、トルーマン率いるアメリカを盟主とする自由主義陣営と、スターリン率いるソ連の傘下に入った共産主義陣営に分かれ、世界の各国はどちらの陣営に入るかが問われ、国によってはアメリカ側とソ連側に分断されて互いに戦わされている状況だったということです[*21]。

このことを踏まえれば、先の絵が意味しているところはお分かりでしょう。イスラム教徒の一群が崖に着いたところ、目の前の海にはアメリカとソ連の二匹のサメが待ち構えています。看板には「イスラム教：一つの神、一つの人間社会」「団結すれば立ち、分裂すれば倒れる」と書かれています。世界がアメリカ（西側先進国）側とソ連（社会主義国）側に分か

＊21　アメリカとソ連はそれぞれ自由主義と共産主義を世界の全ての地域で実現されるべき普遍的な価値を持つ理念として掲げていた。西側先進国と社会主義国のどちらの陣営に加わるか、あるいは加わらずに別の道を選ぶのかという選択は、自分たちの社会にとってふさわしい理念は何かを選ぶことでもあった。

れる状況で、ムスリムが分裂したらどちらかの陣営の「餌」になってしまうという危機感がよく表れています。それを防ぐには、ムスリムが団結して、米ソの「餌」になるのとは違う道を選ぶ必要があります。絵の遠くにはドーム状の屋根や尖塔が特徴的なムスリムの社会のようなものが見えるので、引き返してそこに向かうというのが一つの手なのかもしれません。

世界がアメリカ側とソ連側に分断されるという危機感は、現実のものとしてかなり強く感じられていました。一九五〇年七・八月号には朝鮮半島に関する記事があります(11)。ムスリム人口がほとんどないという意味では『カラム』の記事と関心が離れている印象を受けるかもしれませんが、同じ国・民族がアメリカ側とソ連側に分かれて互いに戦争している韓国・北朝鮮の事情を第一号に置いたことは、自分たちが置かれた状況への危機感をとてもよく示しています。

同じ関心はアフリカ諸国にも向けられています。アフリカにはムスリムが多数を占める国がいくつもありますが、欧米による植民地

11

朝鮮半島が南北に分断されたことを示す地図(『カラム』一九五〇年七・八月号)

支配と独立によってアフリカの国々がいくつかの陣営に分かれてしまうのではないかと関心と懸念の目を向けています(⑫)。

スプートニクの時代——西洋の科学技術に取り残されないように

このような時代背景を持つ『カラム』の記事全体を大雑把にまとめると、マレー世界のムスリムをイスラム世界の一員として位置づけた上で、科学技術やさまざまな思想が発展を見せる現代に自分たちムスリムはどのように対応すべきかを模索したものだと言えます。たとえば科学技術に関して、『カラム』は宇宙開発に強い関心を寄せています。はじめはマンガのような宇宙人や宇宙植物の想像図を載せて読者の関心を引きつけ、その後で宇宙ロケットやパラボラアンテナなどを紹介しています(⑬⑭⑮⑯)。

これは、ソ連が一九五七年一〇月に打ち上げに成功した初の有人人工衛星スプートニク一号が科学技術の最先端を象徴する代名詞となっていた「スプー

12

アフリカの国々が植民地化により宗主国ごとに色分けされている様子を示す地図(『カラム』一九六〇年五月号)

13

『カラム』1953年10月号に掲載された宇宙人の想像図

14

『カラム』一九五三年一二月号に掲載された宇宙植物の想像図

15

有人人工衛星は科学技術の最先端の象徴だった
(『カラム』一九五四年一月号)

16

パラボラアンテナにより宇宙との情報のやり取りが期待された
(『カラム』一九五五年四月号)

トニクの時代」に、何も手をうたなければ科学技術の発展においてムスリムが取り残されかねないとの危機感の表れと見ることができます。

ムスリム同胞団――『カラム』読者の地理的広がり

イスラム世界がこのような危機的な状況に置かれている中、マレー世界のムスリムの間では、一部の若者が共産主義思想の影響を受けて神とその教えを信じなくなっており、そのため祖国と社会を護持するにはまず若者を思想面で鍛え直さなければならないとの考えが出てきます。この考えが、規律を重んじるムスリム同胞団の結成につながっていきます。

『カラム』には、「ムスリム同胞よ、今こそ団結せよ」と題する記事がしばしば掲載されました。はじめは世界各地のムスリムが置かれた状況を報告する記事でしたが、エジプトのムスリム同胞団の境遇を自分たちの状況に重ねて理解しようとする記事が登場し、さらに一九五五年にマラヤとインドネシアでそれぞれ実施された総選挙を契機として、一九五六年五月にシンガポールでムスリム同胞団が結成されます。

『カラム』は読者にムスリム同胞団への参加を呼びかけ、翌月号から団員名簿を掲載しはじめます。さらに同年の八月号からは団員に向けて心構えなどを説いた「同胞団員諸君へ」を連載し、また、団員からの投稿をもとに各地での団員の活動の様子を写真入りで掲載しました。一九五六年後半以降、『カラム』はムスリム同胞団の活動と密接に結びついており、ムスリム同胞団の事実上の機関誌となっていました。

『カラム』の地域ごとの購読者数などのデータは得られていませんが、ムスリム同胞団の団員名簿からその一端を窺うことができます。誌面に毎月一〇〇人前後が掲載された名簿を見ると、ムスリム同胞団の結成に反応した読者がシンガポールやマラヤの各州に存在していること、さらにマラヤの国境を越えて北はタイ国南部へ、東はボルネオ島北部へと及んでいることなどが分かります（⑰参照）。しかも、これらの人々の多くは団員として登録しただけでなく、それぞれの地域で積極的に活動を行っており、その様子が写真入りで『カラム』誌上で紹介されたりしていました。

ムスリム同胞団の結成に見て取れるように、『カラム』では思想面での中東（特にエジプトのカイロ）とのつながりが重要な意味を持っていました。『カラム』ではエジプトへの留学生などによる寄稿がしばしば掲載され、エジプトから発せられる改革思想がもたらされていました。

17

『カラム』誌上のムスリム同胞団員名簿の登録者の地理的分布

女性と教育

「同胞団員諸君へ」などの記事で重視されていたのが家族です。『カラム』はムスリム同胞団の団員に対して、まず自分自身が堅固な信仰を抱くこと、その上で自分の家族が堅固な信仰を抱くよう導くことを求めました。その理由は、マレー人の若者が神とその教えを信じなくなったことを、彼らが両親や目上の人に対して反抗的な態度をとるようになったことと同根と理解したことにあると思われます。それが妥当であるかはおくとして、このことと関連して注目されるのが、『カラム』には女性の地位や権利に関する記事が目立つことです。

植民地だったマラヤやシンガポールでは、男女を問わず現地人（アジア人）には政治参加の機会が与えられていませんでしたが、新聞を発行したり業界ごとに団体を組織したりして自分たちの声を政府に届けようとする工夫が重ねられ、独立準備の過程で政党結成へとつながっていきます。その表舞台に立ったのははじめのうち男性が中心でしたが、それを裏で支えていた女性たちも、一九五〇年代に入ると表舞台に登場する人たちが出てきます。シンガポールでは市政レベルの選挙が導入され、女性の政治家が初当選します。また、大学を卒業する女性も多く出るようになりました（⑱⑲⑳）。

18

マラヤの第一回総選挙の唯一の女性立候補者ハリマトン（『カラム』一九五五年九月号）

19

高等教育を修めて専門職に就く女性も登場した（『カラム』一九五五年一一月号）

20

学校で理科の実験を行う女子児童たち（『カラム』一九六一年一二月号）

先に触れた「一〇〇一問」で結婚・離婚や女性の問題についての問答がしばしば取り上げられただけでなく、「女性の園」およびそれに続く「女性の世界」の連載記事をはじめ、いくつかの連載記事で女性の地位をめぐる問題が論じられています。

これらの記事では女性に関連するさまざまな問題が扱われ、特に教育と結びついたものが多く見られました。

ここには、イスラム教に基づく近代主義的な思想によって女性を慣習による束縛から解放しようとする一面と、イスラム共同体を維持し強固なものにする上で女性が担うべき役割を踏まえて、それにふさわしい考え方や振る舞いを女性に求める一面をともに見ることができます。[*22]

広告と社会

当時の社会で教育が高い関心を集めていたことは、『カラム』に掲載されていた広告にも見ることができます。21の絵は通信教育の広告です。左側に郵便屋さんが重そうに荷物を担いで届けている様子が描かれていますが、そこに描かれている三冊の教科書のタイトルはそれぞれ「宗教」「数学」「英語」となっており、宗教教育はもちろん大切ですが、それと同時

＊22 マラヤやシンガポール社会にとって女性の立場はどのように位置づけられるべきかという考え方をめぐる議論は、簡単に決着をつけることができない問題として『カラム』誌上でも繰り返し登場する。『カラム』は簡単に結論を出すことができない問題について継続的に議論の場を提供していた。

21

『カラム』に掲載された通信教育の広告

に数学と英語が重視されていたことが窺えます。

このように、広告を見るだけでも当時の社会の関心事を窺い知ることができます。『カラム』に掲載された広告のうちイラストつきのものをいくつか紹介しましょう[*23]。

最も目立つのはヘアオイルの広告です（㉒）。いくつか種類がありますが、いずれも女優の写真や女性の挿絵を使っており、特に「ザムザム・ヘアオイル」がヘアオイルの広告の半数以上を占めていました。ザムザムとは、イスラム教の聖地メッカにあって水が絶えたことがないと伝えられる聖なる泉の名前です。ヘアオイル以外にもザムザムの名前をつけたお茶の広告もあります（㉓）。商品名にザムザムとつけているのがムスリムの購買者をターゲットにしているためということは明らかでしょう。

もっとも、広告に添えられた説明文には「ザムザム・ヘアオイルは有効成分を科学的に加工しています」と書かれており、商品価値を高めるために宗教と科学が組み合わせられています。ほかの会社のヘアオイルの広告にも「ムスリムが生産しているのでもちろん清浄」や「科学技術で精製された成分によりフケと薄毛を防ぎます」といった説明が見られます。ここに当時のマレー世界のムスリム社会にとっての「ありがたいもの」を見て取ることができます（㉔㉕㉖）。

＊23　坪井祐司・山本博之編『カラムの時代Ⅴ――近代マレー・ムスリムの日常生活』（京都大学地域研究統合情報センター、二〇一四年）および坪井祐司・山本博之編『カラムの時代Ⅵ――近代マレー・ムスリムの日常生活2』（京都大学地域研究統合情報センター、二〇一五年）の坪井祐司論文および光成歩論文を参考にした。

22

ザムザム・ヘアオイルの広告

24

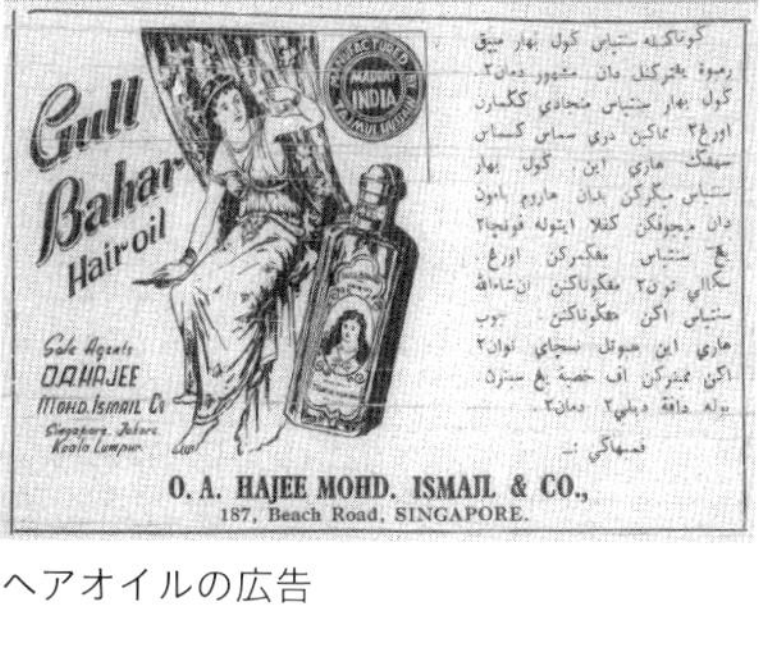

ヘアオイルの広告

23

ザムザム茶の広告

25

タイガーバームの広告

26

乳幼児用の薬の広告

当時の社会の関心は嗜好品の広告からも窺い知ることができます。ラジオの広告の背景にはデッキでくつろぐ欧米人風の人物たちが描かれており、ラジオは娯楽の象徴として描かれています（㉗）。興味深いのは、これらの広告では、「ケンブリッジでの研究の成果」「イングランドで最も有名」「アメリカ製で石油の消費が少ない」のように、イスラム性は表に出されず欧米とのつながりが強調されていることです。自転車はイギリスのハーキュリーズやラレー（㉘）、腕時計はスイスのエベラールやロレックス、アメリカのブローバ（㉙）など、輸入高級品の広告が並んでいます。女性のサンダルが並んでいるのはシンガポールのショッピングセンターの広告です（㉚）。

イスラム雑誌の風刺画

それでは、このブックレットの冒頭で紹介したイラストをもう一度見てみましょう（18ページ②）。繰り返しになりますが、これは『カラム』の一九六一年二月号の表紙で、イラストの中央にあるのは即位直後のマラヤの国王と王妃の肖像画です。

肖像画の下に見えるのは何でしょうか。二本の椰子の木の間から、遠く

27

ラジオの広告

28

自転車の広告

29

腕時計の広告

30

サンダルの広告

に二つの建物が見えます。左側の建物は工場で、煙突からは煙が出ています。よく見ると工場の左側に船が見えます。右側の建物は、高床式の建物でマレー人の伝統的な家屋です。モスクにつきものの尖塔も見えます。建物の奥に影のようなものが見えるのは、木々がたくさん生えていて緑豊かということでしょう。そして空には白い雲が浮かんでおり、工場の煙はありません。（空に浮かんでいる黒い文字は「カラム」です。）

工場と伝統的家屋は隣どうしに建っていますが、ここまで本書を読んできたみなさんにはその意味はもうお分かりでしょう。マラヤのムスリムである自分たちは工業開発と経済発展を求める方向に進むのか、それとも自然環境や伝統文化を守る方向に進むのかという問いを投げかけているのです。

『カラム』の一九六一年二月号には一〇ページから四ページにわたって国王と王妃の即位に関する記事が掲載されており、そこでは国王と王妃がそれぞれ称えられています。その記事は国王と王妃に好意的なことが書かれていますが、無条件に即位を歓迎しているだけではなく、自分たちの社会が置かれている状況を踏まえてしっかり導いてほしいという要望が表紙のイラストを通じて訴えられています。言葉だと解釈の余地が狭まるので批判的な書き方をするのは難しいでしょうが、イラストにしてしまえば、分かる人にはその批判の意味が伝わるし、かといってその意図が問われたときには単に工場と伝統的な家屋を並べただけだと言い逃れることも可能です。書き手と読み手がメッセージを共有できるという前提で描かれるからこそ風刺としての意味が伝わるのです。

なお、工業開発・経済発展か自然環境・伝統文化かという問いに対して、その三〇年後に首相になったマハティール・モハマド元首相（一九二五年～、在位一九八一～二〇〇三年）の答えは「両方とも」でした。その鍵となったのが自動車産業、そしてヤシ油です。先の表紙に描かれていたのはアブラヤシではなくココヤシなので少し違いますが、マレーシアはアブラヤシの農園開発を進め、世界有数の食用油の輸出国となることで、工業開発・経済発展と自然環境・伝統文化の両立を目指しています。

フィールド科学にとっての雑誌情報

ここまで東南アジアのイスラム雑誌を例に見てきたように、雑誌は社会の動き、つまり社会ごとの時代性と地域性を知るための情報の宝庫です。それは、科学技術の発展が現実の社会や人々にとって意味がある形で使われる方策を考える上でも重要な情報です。

雑誌から地域性や時代性を捉えるために必要な基本的な知識や技能を二つ挙げておきます。

一つは語学力です。同じ言葉でも時代や地域によって込められている意味が違うかもしれず、そのことに注目することで社会の考え方を知ることができます。ここで重要なのは、翻訳できて意味が分かるかどうかだけではなく、文脈に違和感を持てるかどうかという感覚です。機械翻訳ではどれだけ技術が向上しても文脈の違和感まで捉えることは難しいでしょうから、私たち一人一人が語学力を身につける必要があります。日本語と英語に加えてもう一つ、アジアの言語を身につけることをお勧めします。

もう一つは地域の文脈（歴史や風土、精神文化に関する知識）を身につけることです。前項で書いたように、重要なのは違和感を抱いたときに理由を考えてみることで、それをきっかけに理解をより深めることができます。そのためには違和感を違和感として捉えられる力が必要です。その力は文学作品や映画などを通じて培うこともできますし、現地に行って友達付き合いする中で身につけることもできます。

外国の言葉を身につけ、現地に行って友達付き合いすることは、フィールドで情報を引き出すだけでなく、フィールドで情報を使うときにも重要な役割を果たします。科学技術や理論それ自体は価値中立だとしても、現実世界の現場に置かれたとたん、それは必ず何らかの価値を帯びることになります。宗教的権威を含めて一切の権威を風刺し批判するのが健全な市民社会の発展をもたらすとする立場と、宗教的価値のように風刺などで安易に汚してはいけないものがあるとする立場、さらにそのような価値を汚されたと感じた場合には暴力行為によって異議申し立てをしてもよいとする立場と、それは限度を超えていて認められないとする立場。そこまで極端な主張ではないにしても、フィールドではお互いに折り合いをつけるのが不可能に見える異なる立場の間で選択を迫られることになります。

このようなフィールドの課題の多くは理論に立ち返っても答えが出ないもので、どの立場を選ぶか自分で決めなければなりません。難しいのでどちらの立場も選ばないと言ったところで、それは「選ばない」というもう一つの立場を選んだとしか受け止められません。間違えずに答えを出せる解法が存在しないことも多いですが、情報を当事者の立場で理解できる力を身につけ、世界のいろいろな土地に信頼のできる友達がいると、自分で決めるときの助けになります。

そのためにも、まずは定期購読する雑誌を持つことからはじめてみてください。専門分野の雑誌は当然読むでしょうから、ぜひ専門分野以外にも定期購読するお気に入りの雑誌を見つけることをお勧めします。

著者紹介

山本　博之（やまもと　ひろゆき）

1966年千葉県生まれ。2001年，東京大学大学院総合文化研究科博士課程・地域文化研究専攻単位取得退学。マレーシア・サバ大学専任講師，東京大学大学院総合文化研究科助手，在インドネシア・メダン日本国総領事館委嘱調査員，国立民族学博物館地域研究企画交流センター助教授などを経て，2006年より京都大学地域研究統合情報センター助教授（2008年より准教授）。博士（学術）。専門は東南アジア地域研究。主な研究テーマは，マレーシアの民族性と混血性，災害対応と情報，地域研究方法論，混成アジア映画。

主な著作に，『脱植民地化とナショナリズム――英領北ボルネオにおける民族形成』（東京大学出版会，2006），『復興の文化空間学――ビッグデータと人道支援の時代』（災害対応の地域研究1，京都大学学術出版会，2014），*Bangsa and Umma: Development of People-Grouping Concepts in Islamized Southeast Asia*（Kyoto University Press, 2011, Anthony Milnerらとの共編著），*Film in Contemporary Southeast Asia: Cultural Interpretation and Social Intervention*（Routledge, 2011, David Limとの共編著）など。

＊本書は，京都大学地域研究統合情報センターの地域情報学プロジェクトの成果として刊行された。

雑誌から見る社会
（情報とフィールド科学3）

2016年3月31日　初版第一刷発行

著　者　　山本博之
発行人　　末原達郎
京都大学学術出版会
京都市左京区吉田近衛町69番地
京都大学吉田南構内（〒606-8315）
電　話　（075）761-6182
FAX　（075）761-6190
URL　http://www.kyoto-up.or.jp/
振　替　01000-8-64677

ISBN978-4-8140-0004-3
Printed in Japan

印刷・製本　亜細亜印刷株式会社
カバー・本文デザイン　株式会社トーヨー企画
定価はカバーに表示してあります

災害対応の地域研究［全5巻］

1
復興の文化空間学
ビッグデータと人道支援の時代
山本博之 著

スマトラ島沖地震・津波やジャワ地震を例に、現地をよく知る地域研究者が様々な情報を分析し、時に防災や人道支援の専門家と協力しながら地域の形を読み解いていく。災害に強い社会を構築するには被災後だけ、被災地だけに留まらない時・空間的に広い視野が必要である。

3400円

2
災害復興で内戦を乗り越える
スマトラ島沖地震・津波とアチェ紛争
西 芳実 著

スマトラ島沖地震・津波当時、被災地アチェは内戦下にあったが、大規模な救援復興活動が展開する中で30年に及ぶ紛争が終結した。災害を契機に社会がどう変わり、紛争からの復興と災害からの復興がどう経験されてきたのかを地域研究の立場から明らかにする。

3400円

3
国際協力と防災
つくる・よりそう・きたえる
牧 紀男・山本博之 編著

日本と繋がりが深い東南アジアの災害は日本経済にも影響を与えてきた。また防災分野における日本の国際協力の歴史も長い。災禍に対する地域社会の対応を辿りながら、災害対応の現場で日本を含めた外部からの支援者が果たしうる役割、国際協力のあり方を考える。

3200円

4
歴史としてのレジリエンス
戦争・独立・災害
川喜田敦子・西 芳実 編著

災いは社会の亀裂をもたらし、その修復は何世代もの歴史のなかで行われる。大戦、冷戦、原発事故のような人類社会全体で取り組みがなされてきた災いの経験を踏まえて、復興の捉え方の歴史的変遷や地域的相違に注目しながら、今、私たちがめざすべき社会像の手掛かりを探る。

3400円

5
新しい人間、新しい社会
復興の物語を再創造する
清水 展・木村周平 編著

誰が復興のかたちを決めるのか。被災者の声はどこまで届き、その記憶や経験はどう継承されているのか。国内外の被災地で長年調査や支援を続けてきた研究者らが、現場に芽吹く創造的な営みに着目し、公的制度が規定する日本の災害復興を捉え直す。

4000円

表示価格は税別

地域研究のフロンティア

1

近代アジアの自画像と他者

地域社会と「外国人」問題

貴志俊彦 編著

近代化とともに、法や権利の問題として急速に浮上したアジアにおける「外国人問題」。国境画定や植民地化による「国民」範疇の変化、経済移民や難民など、激動する近代アジアの事例から「外国人」の形成と変容の様を、地域研究らしいリアリティで示す佳作。

4000円

2

ネオリベラリズムの実践現場

中東欧・ロシアとラテンアメリカ

村上勇介・仙石 学 編

なぜ、かくも新自由主義は世界を席巻したのか。冷戦下でのアメリカの戦略として導入された南米、社会主義崩壊後の「空白」地帯への浸透として広がった東欧を舞台に、政策化し実行したアクターのリアルな姿を分析し、新自由主義を歴史化する。

4200円

3

国境と仏教実践

中国・ミャンマー境域における上座仏教徒社会の民族誌

小島敬裕 著

ミャンマーとの国境に面した雲南省徳宏州で筆者が目にしたのは、今までの「上座仏教徒社会の常識」がまるで通用しない独自の宗教実践であった。多種多様なアクターたちが、二つの政治権力の狭間を揺れ動きながら形作る多彩な実践を、誠実かつ緻密な描写で生き生きと描き出す。

4600円

4

少数民族教育と学校選択

ベトナム―「民族」資源化のポリティクス

伊藤未帆 著

教育の公平性は国家建設にとって、最も重要な問題である。とりわけ多民族国家においては、その失敗は、深刻な亀裂に直結する。社会主義国家建設から南北統一、そして市場経済への移行という僅か半世紀の大変動期、54もの少数民族をかかえるベトナムがそれをどう達成しようとしたか。

4800円

5

21世紀ラテンアメリカの挑戦

ネオリベラリズムによる亀裂を超えて

村上勇介 編

米国の強い主導の下、超インフレ経済を権威主義的政治と新自由主義を導入して乗り切った南米の国々。しかしマクロ経済レベルの安定と発展は可能となったものの、格差拡大と社会の不安定化に悩む国も多い。20世紀の政治経済史に遡って、今日の複雑な南米事情を説明する。

2800円

表示価格は税別